¡Tres hurras por nosotros!

HOUGHTON MIFFLIN BOSTON

Printed in the U.S.A.

ISBN-10: 0-54-734523-2
ISBN-13: 978-0-54-734523-9

2 3 4 5 6 7 8 9 10 0868 19 18 17 16 15 14 13 12 11 10
4500267994

Contenido

Osos

por Anne Miranda

¿Qué cosas les gustan a los osos? Vamos a estudiar a los osos. Este libro será tu maestro.

A los osos les gusta comer. Este oso negro está sentado en un árbol frondoso. Estaba ansioso por comer nueces. Vio una nuez deliciosa y la comió. ¡Qué sabrosa!

A este oso le gusta pescar. Puede pescar mejor cuando los ríos están llenos de peces. Los peces nadan contra la corriente. Están nadando rápidamente cerca de este oso. El oso los va a tomar por sorpresa.

A este oso le gusta nadar en el agua helada. ¡Qué hermoso es ver a este gran oso blanco nadar en el mar! Se balancea en las olas como un pedacito de hielo. Él nada hasta el hielo.

A este oso le gusta rascarse. Parece que está frotando su espalda contra el tronco. Incluso parece que está sonriendo. Puede que el tronco rugoso lo alivie de la picazón.

A este oso le gusta dormir encima de una rama. Está muy cansado. Puede dormir bien aun bajo la luz brillante del día. Luego se despertará y se irá trotando a buscar comida. Volverá a comer y a dormir la siesta. A este oso le gusta mucho dormir.

A este oso le gusta cavar. Está cavando una guarida. Va a forrar su guarida con ramas y hierba. La hierba hace un colchón esponjoso. ¡Es una linda camita que no se tiene que devolver a una tienda!

A este oso le gusta dormir de noche bajo la luna llena. Se estiró, suspiró y se quedó dormido. ¡Dulces sueños, oso! ¡Dulces sueños!

Jugar a las escondidas

por Lance Langley

ilustrado por Dominic Catalano

Las zorritas amaban a su maestro de arte, el señor Oso Pardo. Pero su maestra favorita era Zorrita Colorada. La señorita Colorada amaba a sus estudiantes. A ella le gustaba estudiar e incluso jugar. ¡Era muy graciosa y cariñosa!

Un día caluroso, las zorritas le pidieron tomar un receso.

—Primero, deben devolver los papeles a su compañero. Después jugaremos a las escondidas —dijo la señorita Colorada.

Al rato, ella estaba contando hasta diez. Sus estudiantes se escondieron mientras contaba.

Robi era pequeñito. Se escondió en un buen lugar, pero no se quedó quieto. Él movió su colita. La señorita Colorada encontró a Robi. Ella lo tocó. Robi tuvo que salirse del juego.

Moni estaba escondida en un buen lugar, pero sus orejas se asomaban. La señorita Colorada encontró a Moni. Ella la tocó. Moni tuvo que salirse del juego.

Tobi estaba escondido en un buen lugar. Estaba ansioso por cantar. Se puso a tararear una canción. ¡No era nada silencioso! La señorita Colorada encontró a Tobi. Ella lo tocó. Tobi tuvo que salirse del juego.

Ana estaba escondida en un buen lugar. Se había trepado a un árbol frondoso. La señorita Colorada buscó y buscó. ¡Qué sorpresa! La señorita Colorada no podía encontrar a Ana. Ana sonreía encima de la rama donde estaba.

La señorita Colorada miró arriba y miró abajo. Ana estaba disfrutando de haber engañado a la señorita Colorada. Una risita de Ana hizo que el árbol se moviera. La señorita Colorada vio el árbol moverse.

¡Por fin la señorita Colorada encontró a Ana! La señorita Colorada la tocó. Ana tuvo que salirse del juego. Ana había jugado muy bien, pero la señorita Colorada era una buscadora muy talentosa.

Saltarín y Velocín

por Christopher K. Lyne
ilustrado por Rick Stromoski

Era un día caluroso. Los animales se pusieron en fila para ver la carrera. Un chivo y una cabra ondeaban banderas.

Velocín observaba a Saltarín. A Velocín le gustaba estudiar al competidor. Saltarín corría y corría en el mismo lugar. Saltaba, frotando las patas sobre el suelo. ¿Sería Saltarín tan rápido como parecía? Velocín se sentía ansioso.

—¡Tengo planes de ganar esta carrera! —gritó Saltarín.

—Puede que ganes la carrera —dijo Velocín—. Pareces rápido.

—¡Sí! —exclamó Saltarín—. Soy rápido y tengo planes de ganar.

—Listos, ¡FUERAAA! —dijo Oveja, con una vocecita graciosa.

Saltarín corrió rápidamente. Pasó corriendo delante de los fanáticos que aplaudían. Velocín corría a su propio ritmo.

Saltarín iba al frente. Él no veía a Velocín.

—¡Soy un atleta maravilloso! —dijo Saltarín—. Creo que voy a tomarme un descanso.

Saltarín se acostó encima de la hierba verdosa y se puso a dormir la siesta contra un árbol frondoso.

Mientras Saltarín dormía, Velocín seguía corriendo. Velocín vio que Saltarín estaba durmiendo la siesta. Sonrió y siguió, despacito pero seguro. Velocín seguía a su propio ritmo. Ahora se sentía esperanzado.

Ya cerca de la meta, Velocín aceleró su paso. Ansioso de ganar, hizo un esfuerzo y llegó primero. Los fanáticos aplaudieron y aclamaron. ¡Saltarín se despertó, sorprendido!

¡Qué sorpresa! Velocín cruzó la meta en primer lugar. ¡Fue un final grandioso! Saltarín estaba muy enojado.

—¡Debes devolver el premio! —gritó Saltarín. Pero los fanáticos declararon a Velocín el ganador.

Dulces sueños

por Ting Biderman

ilustrado por Stacey Schuett

Pedrito y Papá montaban una carpa bajo un árbol frondoso. A Pedrito le gustaba estudiar a Papá. Papá era su maestro. Pedrito llenó su camita con aire de una bomba. Pedrito tenía que devolver a Mara la bomba prestada.

Por fin llegó la noche. Pedrito y Papá se metieron en la carpa espaciosa. Papá se quedó dormido rápidamente. Pedrito contempló la hermosa luz de las estrellas en el cielo. Luego trató de dormir.

Pedrito brincó de pronto. ¿Qué es eso? Se levantó, muy asustado.

—¡Despierta! ¡Despierta, Papá! —gritó, ansioso—. ¡Es un oso!

Pedrito encendió su linterna.

Papá despertó, muy sorprendido.

—¿Qué es ese siseo? —preguntó.

—No sé —dijo Pedrito—. Podría ser un oso, incluso una serpiente.

—Bueno, puede que no sea una serpiente —dijo Papá—. Puede que no sea, Pedrito.

—Déjame tomar la linterna —dijo Papá y alumbró la hierba.

—Puedo ver algo largo y delgado como una serpiente. ¿Está siseando? —preguntó Pedrito—. ¿Lo está haciendo?

Pedrito alumbró el objeto. ¡No había una serpiente!

—Es solo la soga que usamos para atar la carpa —dijo Papá—. Es solo una soga.

Pedrito suspiró profundamente.

—Pero ¿qué produjo el siseo? —preguntó Pedrito.

Papá alumbró el techo de la carpa que estaba encima de su cabeza. Pedrito alumbró su camita. ¡Qué sorpresa recibió!

—¡Mira la camita! Está plana como un panqueque. Tiene un hueco, ¡y el aire se está escapando! ¿Crees que de allí venía el siseo? —preguntó Pedrito.

—¡Claro que sí! —dijo Papá—. Ahora acuéstate y duérmete. Dulces sueños.

Pedrito se acostó mientras su camita plana siseaba por última vez.

Las tres carreras

por Madeleine Jeffries
ilustrado por Amanda Harvey

Esta es la historia de una competencia. Era un día caluroso. Lida colocó su caja de carritos cerca de un árbol frondoso. Ella y Keni eligieron dos carritos de carreras cada uno.

Keni eligió un carrito de carreras aerodinámico. Lida eligió un carrito azul más grande. Lida esperaba que fuera lo suficientemente rápido. ¡Los carritos más rápidos ganan!

Keni eligió un carrito de carreras con rayas negras. Lida eligió un carrito diferente. Era un carrito verde con ruedas más gruesas. Lida estaba ansiosa porque Keni siempre ganaba las carreras.

Durante la primera carrera, el carrito azul y más grande de Lida compitió contra el carrito rojo y aerodinámico de Keni. Lida y Keni eligieron un lugar bastante alto para la carrera.

Cuando la carrera comenzó, el carrito de Lida bajó más rápido que el de Keni. El carrito de Keni bajó lentamente. El carrito de Lida ganó. ¡Lida celebró alegremente!

El carrito con rayas de Keni compitió contra el carrito verde de Lida. Esta vez, el carrito de Keni bajó más rápido. El carrito de Keni ganó. Keni estaba contento.

Keni y Lida tuvieron una última carrera con los carritos que habían ganado. El carrito azul de Lida compitió contra el carrito con rayas de Keni. ¿Qué carrito sería el más rápido?

¡Fue una corrida increíble! El carrito de Lida y el de Keni bajaron uno al lado del otro. Ninguno era más rápido que el otro. ¡La carrera terminó en un empate! Lida y Keni estaban contentos por lo que había sucedido.

Las semillas de Iris y Rosa

por Anne Miranda

ilustrado por Janet Pedersen

Es primavera. Iris y Rosa siempre siembran semillas en la primavera. Habitualmente, Iris y Rosa compran semillas en una tienda cerca de su casa. El dueño de la tienda está contento.

Rosa elige un paquete pequeño de semillas. El paquete de Iris es más grande. Iris y Rosa viven en un cerro alto. Iris y Rosa siguen la avenida de regreso al cerro. Van a sembrar las semillas que compraron.

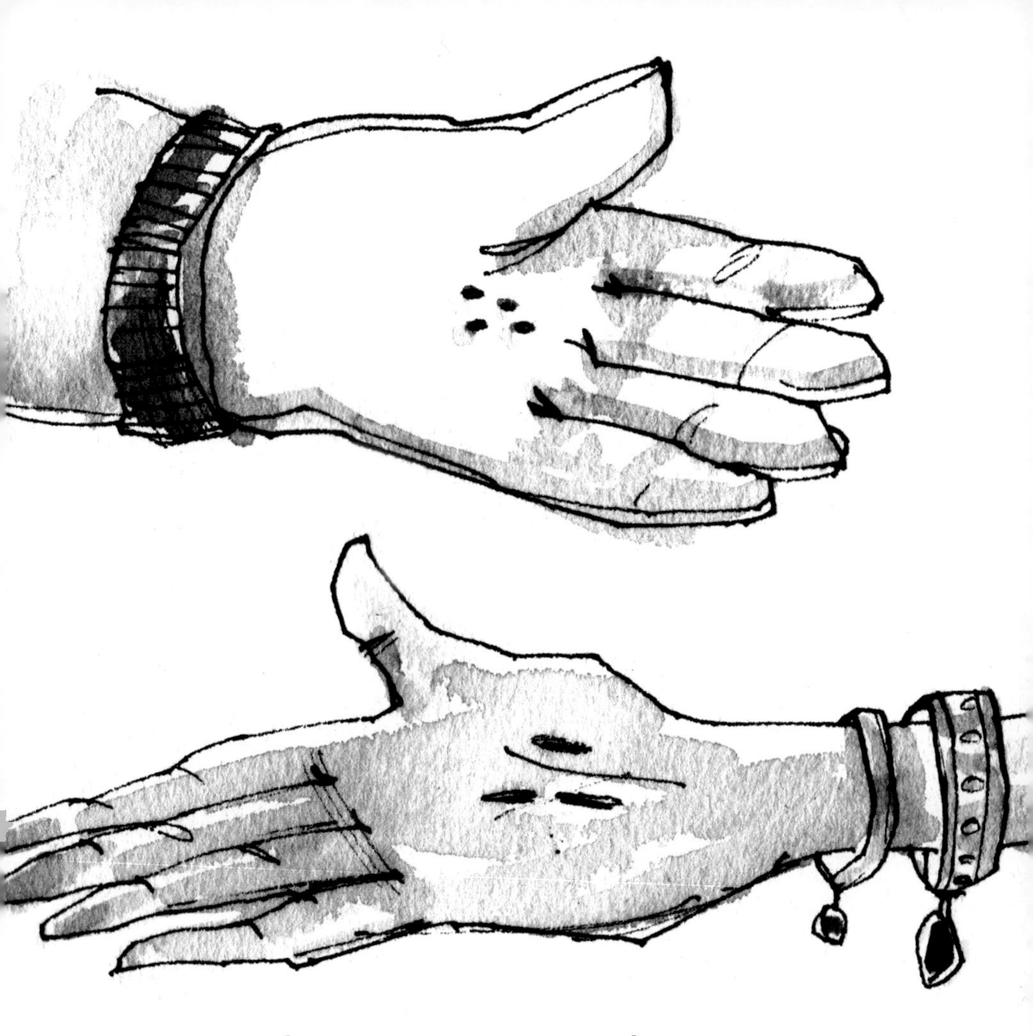

Hay bastante en cada paquete. Cada paquete tiene algo diferente. Las semillas de Rosa son más pequeñas y redondas. Las semillas de Iris son más largas y planas.

Iris y Rosa cavan en la tierra. Iris cava rápidamente. Siembra sus semillas primero. Rosa cava lentamente. Es la última en sembrar sus semillas.

¡Ya han salido algunas plantas! Las plantas de Iris han crecido mucho y las de Rosa, un poco menos. Iris y Rosa rastrillan y sacan la mala hierba del patio.

Las plantas crecen durante toda la primavera. Crecen y crecen y crecen todos los días. Las plantas de Iris son diferentes a las de Rosa.

Las plantas de Iris son más altas que las de Rosa. Las plantas de Rosa son más bajas. Pero Rosa no se siente dolida.

¡Rosa e Iris les cuentan una historia graciosa a sus capullos y les dan comida para plantas!

Las plantas han florecido. ¡Qué hermoso se ve el patio! Rosa e Iris piensan que el patio se ve mucho mejor cuando está florido. ¿Y tú?

Datos sobre las aves

por Rebecca McDermott

Esta historia es sobre las aves. Esta ave es pequeña. Hace un nido pequeño. Pone huevos pequeños y, generalmente, se mantiene cerca de su nido.

Subida en lo alto de
este árbol frondoso, esta ave se ve
majestuosa. Allí hace un gran nido en
el cual puede poner hasta tres huevos.
A esta ave le gusta pescar y cazar.
Tiene garras grandes para pescar.

Esta ave tiene un pico bastante largo. Su pico es como una red. Atrapa la comida con el pico. Puede atrapar una variedad de peces con su pico largo.

Esta ave tiene plumas largas. Sus plumas parecen un gran abanico. Tienen colores brillantes, como azul y verde. ¡Es asombroso ver el colorido de esta ave!

Esta ave es la más rápida. Puede bajar en picada más rápido que un carro de carreras. ¡Eso es muy, muy rápido!

Esta ave es la nadadora más rápida. Pocas aves nadan, pero esta ave nada rápidamente en el agua. Parece volar dentro del agua.

Esta ave es diferente. Es el ave más grande y más fuerte de todas. Pone los huevos más grandes. Uno de sus huevos es del tamaño de 24 huevos de gallina. Es el ave más rápida.

¿Qué es lo que sabe hacer esta ave? Sabe cantar dulcemente. Canta las mejores canciones. Me alegra oírla cantar.

La escena maravillosa

por Jose Pitkin • ilustrado por Judy Stead

Esta es la historia que tres osos representaron ante una audiencia.

Hay tres osos. Cada uno es diferente. Peluche es el más pequeño. Pardo es el más grande. Panda es el mediano.

Peluche, Panda y Pardo se disfrazan de payasos. Peluche lleva el sombrero más grande. Panda lleva zapatos planos. Pardo lleva un pantalón hermoso.

¡A Pardo se le pierde su nariz graciosa! Él siempre lleva una nariz esponjosa que hace un chillido fuerte cuando la aprietas. ¿Dónde estará su querida nariz? ¡Pardo tomará medidas para encontrarla!

Pardo mira dentro de los zapatos planos de Panda. Pardo mira dentro del sombrero grande de Peluche. Pardo no ve su nariz. ¡Necesita su gran nariz roja!

Pardo mira en cada estante alto. Peluche mira en cada estante bajo. Panda mira dentro de una caja de palomitas de maíz. La nariz de Pardo simplemente ha desaparecido. ¡Qué cosa tan horrorosa!

Pardo es el payaso más triste del mundo. Pardo se sienta a llorar amargamente. Derrama las lágrimas más grandes que jamás un payaso ha derramado. Entonces, un azulejo pasa volando. ¡Lleva la nariz colorida de Pardo!

Pardo se para inmediatamente. El pájaro vuela bastante alto. Pardo no puede alcanzarlo. Luego, el pájaro baja. Pardo agarra la nariz y se la quita al pájaro.

Pardo está contento. Se pone su nariz y la aprieta fuertemente. ¡La nariz chilla ruidosamente!

—¡Qué escena maravillosa! —exclama la audiencia cuando los osos terminan. Luego Peluche, Panda y Pardo reciben sus aplausos.

La zorra y las uvas

por Lindsey Pare

ilustrado por Jeff Mack

Pequitas ha corrido hasta la guarida de Abuelita Zorra. Abuelita Zorra tiene un porche grande en la parte de atrás. Ese es el lugar preferido de Pequitas.

Una vid florida crece en el porche. Inmensos racimos de uvas cuelgan de la vid. Abuelita Zorra dice que las uvas no están maduras todavía. Sin embargo, las uvas se ven ricas.

Abuelita Zorra prepara dos almuerzos y los pone sobre unos platos coloridos. Ella lleva vasos de leche. Pequitas trata de no mirar las uvas. Él quisiera tomar una. Pero esperar pacientemente es su deber.

Abuelita Zorra regresa al interior con los platos. Pequitas piensa hasta que le duele la cabeza. Finalmente se le ocurre una idea. ¡Es incapaz de esperar! Empuja el primer banco. Luego empuja el segundo banco.

Pequitas se trepa. Intenta alcanzar un racimo. ¡Pequitas se va a caer!

—¡Cuidado! —Pequitas puede oír la advertencia de Abuelita Zorra.

Pequitas ve a Abuelita Zorra correr rápidamente hacia él. Abuelita Zorra lo agarra antes de que se caiga.

—La última vez que intentaste tomar mis uvas, te caíste. Luego te pusiste a llorar y a gritar —le dice Abuelita Zorra.

—¡Qué corrida inolvidable, Abuelita! Me agarraste como si fuera una bola de béisbol —dice Pequitas.

Abuelita Zorra alcanza una de las uvas y se la da a Pequitas. Él la prueba.

—Esta uva no está madura . ¡Es imposible comerla! —dice Pequitas, muy disgustado.

—Te lo dije —le responde Abuelita Zorra y le guiña el ojo—. ¡La próxima vez debes escucharme!

Pequitas regresa los bancos a su lugar. Abuelita Zorra invitará a Pequitas a su casa cuando las uvas estén maduras. ¡Pequitas espera que sea pronto! Él es muy impaciente.

Tomatodo y el gran gato Todosaca

Tomatodo tenía un pasatiempo que siempre lo alegraba. El pasatiempo no era correr, sino pescar. Para otros niños, pescar era un deporte aburrido. Pero para Tomatodo, pescar era muy importante.

Tomatodo tenía una caja grande que estaba llena de equipo para pescar. Tenía anzuelos, flotadores, plomadas, hilo de pescar, carnadas en forma de ranitas e insectos y una mosca que su papá había hecho.

Un día soleado de primavera, Tomatodo le pidió a Papá que lo llevara a pescar. Papá asintió alegremente.

Tomatodo buscó su caja, su caña y su bobina. Finalmente, caminó con Papá hasta el lago.

Tomatodo sacó un insecto gracioso de su caja. Sería la comida de los peces. Puso la carnada exactamente como Papá le había enseñado. Luego, cerró la tapa de su caja. Era su deber mantener la caja limpia y organizada.

Tomatodo jaló el hilo hacia atrás y tiró el anzuelo. ¡Plaf! Su insecto cayó dentro del lago. Papá tiró su anzuelo también. Tomatodo y Papá esperaron durante mucho tiempo. ¡Los pescadores no son nada impacientes!

La bola flotadora de la caña de Tomatodo se hundió dentro del agua. ¡Había atrapado un pez! Tenía que enrollar el hilo y sacar al pez del agua.

Tomatodo hizo su mejor intento, pero era imposible. Entonces, el pez que había atrapado dio un gran brinco. ¡Era un pez gato impresionante!

Un segundo después, el pez brincó de nuevo. ¡Era el Gran Gato Sacatodo! ¡Qué sorpresa inesperada! El Gran Gato Sacatodo tenía una cabeza grande. Agitaba su cola de un lado a otro. Estaba enfurecido.

Tomi pudo oír a Papá gritar:
—¡Es el pez más grande del lago!

Tomatodo agarró sus tijeras y cortó el hilo. Él dejó ir al Gran Gato Sacatodo. El Gran Gato Sacatodo huyó nadando.

Papá le guiñó un ojo a Tomi. ¡Había sido una experiencia inolvidable!

Murcimar y Murcibella

por James McKinley

ilustrado por Tom Leonard

A Murcimar la murciélago no le gustaba correr. Su pasatiempo favorito era colgarse patas arriba del techo de su cueva. El interior de su cueva era grande y cómodo.

A la media noche, a Murcimar le gustaba volar a través del cielo oscuro para atrapar insectos. Tenía una cabeza pequeña y orejas muy grandes. Sus orejas la ayudaban a atrapar insectos y a oír todo tipo de sonido.

Anoche, Murcimar escuchó algo inesperado:

—¡Socorro! —oyó a alguien gritar.

Murcimar sobrevoló rápidamente para ver lo que era. Se quedó boquiabierta al darse cuenta de que Murcibella necesitaba ayuda. Murcimar sabía que era su deber ayudar a Murcibella.

—Mis alas se quedaron atrapadas en esta red —dijo Murcibella entre sollozos—. Lamento haber salido a cazar esta noche.

—No te preocupes, Murcibella. Intentaré liberarte —dijo Murcimar, sonriendo dulcemente.

Murcimar hizo su mejor intento. Ella se prendió de la red y trató de cortarla con sus dientes. Por fin, hizo un hueco del tamaño de una bola de béisbol. Murcibella tenía una salida. ¡Estaba libre! Murcimar había hecho un trabajo impresionante.

—¡A volar! —dijo Murcimar.

—Espera un segundo. No puedo volar —suspiró Murcibella—. Mi ala está lastimada.

—Pobrecita —dijo Murcimar—. Entonces, te cargaré hasta mi cueva.

—Eso es imposible. Eres incapaz de cargarme hasta tu cueva —dijo Murcibella, resoplando.

—No es imposible. Yo soy fuerte —dijo Murcimar con certeza.

—¡Entonces, vámonos! —dijo Murcibella.

Murcimar agarró bien a Murcibella y batió sus alas.

Las dos volaron a través del cielo, una prendida de la otra, y aterrizaron en la cueva, sanas y salvas.

Murcibella le dio las gracias a Murcimar:

—Has sido mi salvavidas. Ahora sé por qué es importante tener amigas como tú. Gracias, Murcimar.

Los bancos

por Jillian Raymundo

ilustrado por Elizabeth Sayles

¡Bancos! ¡Bancos! ¡Bancos! Los ves en las ciudades, en los pueblos, en los parques y en las playas. Los bancos son muy importantes.

Los bancos son como sofás. Puedes recostar tu cabeza sobre un banco. Los niños se sientan en los bancos. Un banco es un lugar divertido para sentarse y hablar con los amigos. ¡Tal vez ocurra algo inesperado mientras están sentados!

Esta mascota grande sale a caminar. Los padres, los niños y las mascotas se sientan en los bancos para descansar. Puedes ver y oír cosas increíbles mientras estás sentado en un banco.

Los niños almuerzan alegremente en los bancos. Ellos recogen sus cosas cuando terminan de almorzar. Mantener los bancos limpios es su deber. Después pueden correr, jugar con una bola, ¡y hasta gritar!

Los niños leen libros en los bancos. Los niños leen las tiras cómicas en los bancos. Los niños leen en los bancos cuando hace sol y el cielo está despejado. Cuando llueve, los bancos están vacíos.

Los niños juegan en los bancos. Algunos ganan y otros pierden. ¡Es imposible ganar siempre! Sin embargo, a los niños les gusta jugar afuera. ¡No lo dudes por un segundo!

Mis padres y yo nos sentamos en un banco en la playa. Papá contempla las olas inmensas. Mamá quita la arena de los pies.

—¡Este es un día inolvidable! —me dice Papá.

¡Bancos para ti y bancos para mí, de par en par a la orilla del mar! La niña está sentada en un banco de la ciudad. En todos los lugares hay bancos en cantidad.

Una pequeña prueba

por Cindy Wahl

¡Hola! Es importante aprender sobre los animales. Se me acaba de ocurrir una idea interesante. ¿Quieres tomar una prueba para ver cuánto sabes? ¡Inténtalo! Yo lo intentaré contigo.

¿Qué animal canta dulcemente? ¿Cuál te despierta con un maullido? ¿Cuál ruge fuertemente? ¿Cuál vive en un lugar sucio y desordenado?

¿Qué animal corre rápidamente? ¿Cuál no puede despegarse de su caparazón? ¿Cuál fue un renacuajo? ¿Cuál parece un nudo que hay que desatar?

¿Qué animal trepa por los árboles para reunirse con sus amigos? ¿Cuál tiene joroba? ¿Cuál tiene un olor desagradable? ¿Cuál tiene un cuello muy largo?

¿Qué pez se parece a una serpiente? ¿Cuál tiene tres rayas blancas? ¿Cuál tiene cinco rayas negras? ¿Qué animal tiene ocho patas?

¿Qué animal vive en la selva? ¿Cuál tiene orejas grandes y despeinadas? ¿Cuál tiene piel suave? ¿Cuál camina lentamente? ¿Cuál relincha? ¡Ninguno!

¿Cuál de estas aves puede volar? ¿Cuál descansa sobre el hielo después de nadar en el agua? ¿Cuál tiene plumas azules? ¿Cuál corre rápidamente?

¿Te gustó esta pequeña prueba? ¿Fue divertida? ¿Pudiste hallar la respuesta a todas las preguntas?

El día magnífico de Conejita

por Brady Frances

ilustrado por Hideko Takahashi

¡Prin! ¡Prin! El despertador sonó fuertemente. A Conejita le tomó varios minutos despertar. Apagó el despertador y se levantó lentamente de la cama.

Conejita estaba soñolienta.
Quería descansar.

—El desayuno es muy importante.
Hazlo desaparecer, Conejita —le dijo
su mamá. Conejita se comió todo el
cereal. Después miró el reloj.

Conejita tenía que vestirse. Rápidamente, se puso sus vaqueros y su camisa roja. Su autobús se acercaba. Estaba casi por llegar. Conejita despegó una hoja verde de la suela de su zapato.

—¡Conejita, vas a llegar tarde! —le reprochó su mamá.

El autobús de Conejita se detuvo. Conejita subió al autobús. Atrás no había espacio en donde sentarse. En el medio no había ninguno tampoco. Así que Conejita se sentó detrás del conductor.

Conejita se sentó al lado de Ardilla. Ardilla la reconoció y le sonrió dulcemente. Conejita le devolvió la sonrisa. Se alegró al ver a Ardilla. Ardilla era alegre y cómica. Era divertido sentarse al lado de ella.

A Ardilla se le ocurrió una idea interesante:

—Vamos a jugar. Hola, hola...

—¿Quién es? —respondió Conejita, de inmediato.

—Lola, Lola... —replicó Ardilla.

—¡A nadie se le podría ocurrir eso! —contestó Conejita, impresionada. Ambas niñas se rieron. El autobús siguió lentamente hacia la escuela.

Conejita y Ardilla llegaron al salón de clases.

—¡Qué descuido! —exclamó Ardilla. A Ardilla se le había quedado su libro de matemáticas en su casa. Así que Conejita compartió su libro con Ardilla y juntas releyeron los problemas que no entendían.

Ardilla sonrió y le dijo:
—Eres una verdadera amiga, Conejita.

Cuando Conejita llegó a casa, Mamá le dio un fuerte abrazo. Conejita estaba contenta. Estaba ansiosa por reunirse con Ardilla al día siguiente. ¡Había tenido un día magnífico!

Yiye y los frijoles

por Anthony Swede
ilustrado por Holli Conger

Yiye y Yeya tenían un pequeño terreno detrás de su casa. También tenían una vaquita gordita, pero no tenían mucha comida. Su última cucharada de avena iba a desaparecer pronto.

A Yiye se le ocurrió una idea interesante. Era importante buscar comida. Así que intentaría vender su vaquita y comprar comida con ese dinero. Él llevó su vaquita al pueblo.

Los días pasaron y Yiye no regresaba. Yeya no estaba contenta. Por fin, Yiye regresó con noticias inesperadas, lo cual reanimó a Yeya.

—Hola, Yeya. ¡Cambié nuestra vaquita por una bolsa de frijoles! Ven y repartimos las ganancias.

Yeya lo interrumpió:

—¡Cómo se te pudo ocurrir eso! Debes deshacerte de los frijoles y recuperar nuestra vaquita.

Esa bolsa de frijoles no les rendiría por mucho tiempo. Luego, Yiye le explicó su idea a Yeya. A Yeya le gustó mucho. Ella estaba interesada en ayudar a Yiye con su plan.

Yiye y Yeya cavaron surcos en su terreno. Cavaron cuidadosamente para no tener que rehacer los surcos. Ninguno hablaba mientras trabajaba. Después, Yiye y Yeya sembraron los frijoles en los surcos.

Yiye y Yeya bajaron la loma para buscar agua del pozo. Yiye y Yeya remojaron la tierra negra con agua y luego esperaron y esperaron.

Casi dos semanas después, vieron brotar el primer retoño verde. Yiye y Yeya se alegraron al ver los retoños. Su esperanza creció y creció como sus impresionantes plantas de frijoles.

Yiye y Yeya cosecharon bolsas y bolsas llenas de frijoles. Esos frijoles les darían de comer durante mucho, mucho tiempo. Yeya estaba agradecida por la ingeniosa idea de Yiye.

Un guiso para Patri

por Frank Fenn

ilustrado por Laurie Hamilton

Es un día importante para Patri Puerquita. Patri cumple seis años. A Besi Búho se le ocurrió una idea. ¡A nadie más se le podría ocurrir una idea tan ingeniosa!

—Voy a prepararle un guiso a Patri —ululó Besi.

Besi no sabía cómo hacer un guiso. No quería la desaprobación de Patri. Así que Besi puso una olla grande en su vagón y fue en busca de ayuda.

Besi llegó a la casa de Pancho Pato.

—Hola, Pancho —ululó Besi—. ¿Podrías ayudarme?

Pancho la ayudó muchísimo. Él agregó una taza de una sustancia roja a la olla.

—¡Gracias, Pancho! —ululó Besi.

Después, Besi llegó a la casa de Tita Topo. Besi repitió su pedido. Tita la ayudó muchísimo. Tita fue a un árbol que estaba detrás de su casa. Ella sacó una hoja verde que le da un rico sabor a los guisos. Tita agregó un racimo de hojas verdes a la olla.

Besi regresó a su casa. Héctor Halcón se encontraba allí.

—¿Qué llevas en la olla? —le preguntó Héctor.

—Llevo un sabroso guiso para Patri —ululó Besi—. Ya casi está listo. Tengo todos los ingredientes.

—No le falta ninguno —dijo Héctor después de probar el guiso—. Pero debes calentarlo.

Héctor ayudó a Besi a calentarlo. —No descuides el guiso mientras se calienta —le advirtió Héctor—. El líquido no debe desaparecer. Si no, el guiso se quema. Y si se quema, vas a tener que rehacerlo.

Finalmente, Besi llevó su guiso a la casa de Patri Puerquita. Patri destapó la olla.

—¡Qué delicioso! —chilló Patri—. ¿Cómo preparaste un guiso tan rico, Besi?

—Con un poco de ayuda —ululó Besi.

—¡Qué sorpresa inesperada! ¡Gracias! ¡Gracias a todos! —chilló Patri, muy impresionada—. ¡Es un guiso exquisito! ¡Qué divertida reunión de amigos!

El nuevo hogar

por Forest Von Gront • ilustrado por Kristin Barr

La familia de Fredi se mudó al campo. Fredi subió a su nuevo cuarto. Él y su papá pintarían el cuarto de otro color. Reemplazarían las luces antes de que llegara la camioneta. A Fredi le iba a encantar su nuevo hogar.

Fredi escogió una pintura azul. Papá pintó las secciones altas y Fredi pintó las secciones bajas. El cuarto se veía muy lindo. A Fredi le gustaba el color que había escogido. Fredi no tenía un hermano. El cuarto era solo para él.

Papá desenvolvió tres luces nuevas. Desconectó las luces viejas y Fredi lo ayudó a instalar las nuevas. ¡Fantástico! ¡Las luces nuevas eran mucho más brillantes! Su cuarto estaba más alumbrado.

La camioneta llegó después a las diez. Seis personas salieron de la camioneta. Cada uno sacó una caja. Mamá y Papá desempacaron las cosas de las cajas. Fredi los ayudó a desempacar y a colocar las cosas en su lugar. ¿Ha terminado Fredi? ¡No!

Fredi desempacó seis cajas de libros. Colocó sus libros en el librero. Él y Mamá hicieron la cama con sábanas limpias y un hermoso cubrecama. El cuarto de Fredi lucía cada vez mejor. ¿Ya puede terminar de desempacar? ¡Todavía no!

Fredi encontró su caja de juguetes. Él desenvolvió cada juguete. Buscó un nuevo lugar para cada uno. Colocó un peluche sobre su cama. Por fin su cuarto parecía un hogar. Ahora, Fredi puede jugar.

Mamá y Papá desempacaron
los platos, las ollas y las sartenes.
Después, Papá organizó el comedor.
Al mediodía, Mamá y Papá
prepararon la comida mientras
Fredi desempacaba las servilletas
y buscaba tres cucharas con las
que tomarían la sopa.

Todos tuvieron su primer almuerzo en su nuevo hogar. A Fredi le encantaba su nuevo hogar. A Mamá y a Papá les encantaba también.

El conejito de Carla

por Mason Sciele
ilustrado por France Brassard

Carla tiene un conejito llamado Coco. Coco tiene pelaje blanco y negro y orejas largas y flexibles. Coco duerme en una jaula bonita en el porche de Carla.

Carla le da de comer comida para conejitos. Ella sabe que le va a encantar. Coco hace sonidos mientras come su comida crujiente. Él sabe cómo pedir su comida como un perrito. Coco puede acurrucarse en el regazo de Carla como un gatito. Coco es un conejito alegre.

Todos los días, Carla saca a Coco de su jaula. A Coco le gusta jugar a las escondidas. Coco se esconde. Después, Carla lo busca. Coco no se mueve mientras Carla lo busca. ¡Es un juego divertido!

Un día, los hermanos de Carla llevaron a Coco al campo. Ellos se sentaron en un banco cerca de una cancha de tenis. Ellos se olvidaron de Coco. Coco se alejó saltando. Ellos no lo vieron alejarse. ¡Qué descuido!

Era hora de jugar con Coco.
Carla fue a la jaula de Coco.
Coco no estaba en su jaula.
Coco no estaba en el porche.
Carla se puso triste.

Ella les preguntó a sus hermanos si habían visto a Coco. Ellos buscaron, pero Coco se había escapado. Cada hermano se disculpó por haberse olvidado de Coco. Pero no servía de nada lamentar la situación.

No podían encontrar a Coco. Carla estaba triste. Entonces, se le ocurrió una idea. ¿Estaría Coco jugando a las escondidas? Ella buscó en los lugares donde Coco se escondería. ¿Estaba Coco jugando solo?

Carla vio a Coco cerca de una planta grande. Ella sonrió. Coco vio a Carla y saltó fuera de su escondite. Carla estaba contenta. Sus hermanos estaban contentos también. Coco había regresado.

Ana Hormiga

por Denise Dinkleman
ilustrado por Jon Goodell

Ana Hormiga despertó. Había dormido durante todo el largo invierno. A Ana le gustaba dormir, pero ahora le tocaba despertar. ¡Era hora de jugar!

Ana cavó un túnel. Siguió cavando hasta llegar al campo del granjero. Era un día soleado. ¡Qué lindos eran los rayos del sol! Por fin había llegado la primavera.

Ana buscó su mochila verde y amarilla. Luego fue a buscar pétalos de rosa. Llenó su mochila de los pétalos de rosa que había reunido. A ella le encantaba olerlos.

Con su mochila rellena de pétalos, Ana retornó a su hogar y repartió sus pétalos de rosa por todas partes. Un rico olor llenó el lugar. A Ana le encantaba la fragancia que se desprendía de las rosas.

Un día, Ana vio una flor azul que parecía una trompeta. Ella se subió a la flor para verla de cerca, pero se resbaló y se cayó. Fue deslizándose hacia abajo hasta llegar al fondo de la flor.

Ana no podía salir. Estaba desesperada. No tenía tiempo para lamentar su situación. En ese momento, oyó a un insecto. Ana gritó. El insecto vino a su rescate y la sacó del interior de la flor.

¡Aquel insecto valiente y desinteresado le
abía salvado la vida! ¡Ana le dio las gracias
or salvarla! El insecto se llamaba Mantis.
urante el resto del verano, Mantis ayudó a
na a reunir flores.

El verano terminó y el invierno estaba por llegar. Ana tenía que retornar al túnel. Le dijo adiós a Mantis. Pero no estaba triste. Lo vería un día soleado, la próxima primavera.

Fútbol

por Tia Yushi • ilustrado por Linda Solovic

El fútbol es un deporte que se juega entre dos equipos. Se juega en un campo. Muchos niños juegan al fútbol.

Cada jugador usa un uniforme. Este entrenador y todos los miembros de su equipo usan el mismo tipo de camisa. Este equipo usa camisas punteadas. Sus camisas son diferentes a las de otros equipos.

Ellos son miembros de un equipo. Cada persona usa el mismo tipo de camisa. Tienen rayas. Sus camisas son diferentes a las de otros equipos. Los jugadores se ponen calcetines largos y espinilleras.

Los miembros de un equipo de fútbol tienen destrezas especiales. Al principio, puede que un miembro no sepa cómo usar los pies. Los jugadores aprenden a usar los pies mientras juegan.

El fútbol se juega rápidamente. Los equipos de fútbol deben jugar cuidadosamente. Es peligroso y poco amable chocar contra otros jugadores. Los jugadores deben aprender a jugar con cuidado para no chocar.

La meta de cada equipo es anotar un gol. Los jugadores tratan de impedir que el otro equipo anote un gol. El portero de cada equipo se mantiene cerca de la portería. No puede descuidarla. Cada uno trata de agarrar el balón.

El portero es el único jugador que puede agarrar el balón con las manos. Debe mantener el balón fuera de la portería. Los porteros deben reaccionar rápidamente y detener el balón.

Después de terminar el partido, los jugadores se felicitan y regresan a su casa. Los niños disfrutan recordando los partidos de fútbol. Ellos cuentan, una y otra vez, las jugadas que hicieron los miembros de su equipo.

Listas de palabras

SEMANA 1

Para usar con
El punto

Osos

página 3

Palabras decodificables

Destreza clave: Sufijos **–oso** y **–osa**: ansioso, deliciosa, esponjoso, frondoso, hermoso, sabrosa, rugoso

Destrezas enseñadas anteriormente: a, alivie, aun, bajo, balancea, blanco, camita, cansado, cavando, cavar, cerca, colchón, comer, comida, comió, como, contra, corriente, cosas, despertará, día, dormido, dormir, dulces, espalda, están, estiró, forrar, frotando, gran, guarida, gusta, gustan, helada, hielo, hierba, irá, las, les, linda, lo, los, luna, luz, llena, llenos, mucho, nadan, nadando, nadar, negro, nueces, nuez, olas, osos, parece, peces, pedacito, pescar, picazón, puede, que, quedó, rama, ramas, rápidamente, rascarse, ríos, se, sentado, será, siesta, sonriendo, su, sueños, suspiró, tienda, tiene, tronco, trotando, va, vamos, ver, vio, volverá

Palabras de uso frecuente

Nuevas: devolver, encima, estudiar, inclusive, maestro, oso, sorpresa, tomar

Enseñadas anteriormente: agua, árbol, bien, comida, con, cuando, de, el, en, es, está, estaba, hace, la, libro, luego, mar, mejor, muy, nada, noche, qué, tu, un, una, y

SEMANA 1

Jugar a las escondidas

página 11

Palabras decodificables

Destreza clave: Sufijos **–oso** y **–osa**: ansioso, caluroso, cariñosa, frondoso, graciosa, silencioso, talentosa

Destrezas enseñadas anteriormente: a, abajo, amaba, amaban, Ana, arriba, arte, asomaban, buen, buscadora, buscó, canción, cantar, colita, Colorada, compañero, contaba, contando, deben, día, diez, dijo, disfrutando, ella, e, él, encontrar, encontró, engañado, escondida, escondidas, escondido, escondieron, escondió, estudiantes, favorita, gustaba, había, juego, jugado, jugar, jugaremos, las, lo, los, maestra, mientras, miró, Moni, moverse, moviera, movió, orejas, papeles, Pardo, pequeñito, pidieron, podía, puso, que, quedó, quieto, rama, rato, receso, risita, Robi, salirse, se, señor, señorita, sonreía, su, tararear, Tobi, tocó, trepado, tuvo, vio, Zorrita, zorritas

Palabras de uso frecuente

Nuevas: devolver, encima, estudiar, inclusive, maestro, oso, sorpresa, tomar

Enseñadas anteriormente: al, árbol, bien, de, después, donde, el, en, era, estaba, haber, hasta, hizo, la, lugar, muy, nada, no, primero, qué, un, una, y

Saltarín y Velocín

página 19

Palabras decodificables

Destreza clave: Sufijos **-oso** y **-osa:** ansioso, caluroso, frondoso, graciosa, grandioso, maravilloso, verdosa

Palabras de uso frecuente

Nuevas: devolver, encima, estudiar, sorpresa

Saltarín y Velocín *(continúa)*

página 19

Destrezas enseñadas anteriormente: a, aceleró, aclamaron, acostó, ahora, animales, aplaudían, aplaudieron, atleta, banderas, cabra, carrera, cerca, chivo, como, competidor, contra, corría, corriendo, corrió, creo, cruzó, debes, declararon, delante, descanso, despacito, despertó, día, dormía, dormir, durmiendo, él, enojado, era, esfuerzo, esperanzado, esta, exclamó, fanáticos, fila, final, frente, frotando, fue, fuera, ganador, ganar, ganes, gritó, gustaba, hierba, iba, la(s), le, llegó, los, meta, mientras, mismo, observaba, ondeaban, Oveja, pareces, parecía, paso, pasó, patas, pero, planes, premio, primer, propio, puede, pusieron, puso, que, rápidamente, rápido, ritmo, saltaba, Saltarín, se, seguía, sentía, sería, sí, siesta, siguió, sonrió, sorprendido, su, suelo, tan, tomarme, veía, Velocín, vio, vocecita, voy

Enseñadas anteriormente: al, árbol, con, de, dijo, el, en, estaba, hizo, listos, lugar, muy, no, para, primero, qué, seguro, sobre, soy, tengo, un, una, ver, y, ya

Dulces sueños

página 27

Palabras decodificables

Destreza clave: Sufijos **–oso** y **–osa**: ansioso, espaciosa, frondoso, hermosa

Destrezas enseñadas anteriormente: a, ahora, aire, acostó, acuéstate, algo, alumbró, allí, asustado, atar, bajo, bomba, brincó, cabeza, camita, carpa, cielo, claro, como, contempló, crees, déjame, delgado, despertó, despierta, dijo, dormido, dormir, duérmete, dulces, encendió, escapando, ese, eso, estrellas, gritó, gustaba, había, haciendo, hierba, hueco, largo, las, levantó, linterna, lo, luz, llegó, llenó, Mara, metieron, mientras, mira, montaban, objeto, panqueque, Pedrito, plana, podría, prestada, produjo, profundamente, puede, puedo, que, quedó, rápidamente, recibió, se, sé, ser, serpiente, sí, siseaba, siseando, siseo, soga, solo, sorprendido, su, sueños, suspiró, techo, tenía, trató, última, usamos, venía, ver, vez

Palabras de uso frecuente

Nuevas: devolver, encima, estudiar, inclusive, maestro, oso, sorpresa, tomar

Enseñadas anteriormente: árbol, bueno, con, de, el, en, era, es, está, estaba, la, luego, muy, no, noche, papá, preguntó, pronto, qué, un, una, y

Las tres carreras

página 35

Palabras decodificables

Destreza clave: Sufijos **–mente**, **–ido** e **–ida**: alegremente, corrida, lentamente, sucedido, suficientemente

Destrezas enseñadas anteriormente: aerodinámico, ansiosa, bajaron, bajó, caja, caluroso, carrera, carreras, carrito, carritos, celebró, colocó, comenzó, competencia, compitió, contento(s), contra, día, dos, durante, eligieron, eligió, ella, empate, esperaba, estaban, fue, fuera, frondoso, ganaba, ganado, ganan, ganó, grande, gruesas, había, habían, increíble, Keni, lado, las, Lida, lo, los, más, negras, ninguno, otro, primera, que, rápido, rápidos, rayas, rojo, ruedas, sería, su, terminó, tuvieron, última, uno, verde, vez

Palabras de uso frecuente

Nuevas: alto, bastante, cerca, contento, cuando, diferente, historia, siempre

Enseñadas anteriormente: al, árbol, azul, cada, con, de, el, en, era, es, estaba, la, lugar, para, porque, qué, tres, un, una, y

Las semillas de Iris y Rosa

página 43

Palabras decodificables

Destreza clave: Sufijos **–mente**, **–ido** e **–ida**: dolida, florecido, florido, habitualmente, lentamente, rápidamente

Destrezas enseñadas anteriormente: a, algo, algunas, altas, avenida, bajas, capullos, cava, cavan, cerro, compran, compraron, crecen, crecido, cuentan, dan, días, diferente(s), dueño, durante, e, elige, graciosa, grande, hay, hermoso, hierba, Iris, largas, las, les, los, mala, menos, mucho, paquete, patio, pequeñas, pequeño, piensan, planas, plantas, poco, que, rastrillan, redondas, regreso, Rosa, sacan, salido, se, sembrar, semillas, siembra, siembran, siente, siguen, su, tienda, toda, todos, tú, última, van, ve, viven, ya

Palabras de uso frecuente

Nuevas: alto, bastante, cerca, contento, cuando, diferente, historia, siempre

Enseñadas anteriormente: al, cada, casa, comida, de, del, en, es, está, han, la, más, mejor, no, para, primavera, primero, qué, son, sus, tierra, un, una, y

SEMANA 2

Datos sobre las aves

página 51

Palabras decodificables

Destreza clave: Sufijos **-mente, -ido** e **-ida:** colorido, comida, dulcemente, generalmente, rápidamente, subida

Destrezas enseñadas anteriormente: a, abanico, alegra, allí, asombroso, atrapa(r), ave(s), bajar, brillantes, canciones, canta(r), carreras, carro, cazar, colores, comida, como, cual, datos, del, eso, esta, este, frondoso, fuerte, gallina, garras, gran, grande(s), hacer, huevos, la(s), largas, largo, le, lo(s), majestuosa, mantiene, me, mejores, nadadora, nadan, oírla, parece(n), peces, pequeña, pequeño, pero, pescar, picada, pico, plumas, pocas, pone(r), puede, que, rápida, rápido, red, sabe, se, su(s), tamaño, tiene(n), todas, uno, variedad, ve, verde, volar

Palabras de uso frecuente

Nuevas: alto, bastante, cerca, diferente, historia

Enseñadas anteriormente: agua, árbol, azul, comida, con, de, dentro, el, en, es, gusta, hace, hasta, huevos, más, muy, nada, nido, para, pequeños, qué, sobre, todas, tres, un, una, ver, y

La escena maravillosa

página 59

Palabras decodificables

Destreza clave: Sufijos **–mente**, **–ido** e **–ida**: amargamente, colorida, desaparecido, fuertemente, inmediatamente, querida, simplemente, ruidosamente

Palabras de uso frecuente

Nuevas: alto, bastante, contento, cuando, diferente, historia, siempre

La escena maravillosa *(continúa)* página 59

Destrezas enseñadas anteriormente: a, agarra, alcanzarlo, ante, aplausos, aprieta, aprietas, audiencia, azulejo, baja, bajo, caja, chilla, chillido, cosa, cuando, derrama, derramado, disfrazan, dónde, él, encontrarla, entonces, escena, esponjosa, estante, estará, exclama, fuerte, graciosa, gran, grande, grandes, ha, hay, hermoso, horrorosa, jamás, lágrimas, las, los, lleva, llorar, maíz, maravillosa, mediano, medidas, mira, mundo, nariz, necesita, osos, pájaro, palomitas, Panda, pantalón, Pardo, pasa, payaso, payasos, Peluche, pequeño, pierde, planos, pone, puede, que, quita, reciben, representaron, roja, se, sienta, sombrero, su, tan, terminan, tomara, triste, uno, ve, volando, vuela, zapatos

Enseñadas anteriormente: al, cada, de, dentro, el, en, es, está, hace, la, luego, más, no, para, qué, tres, un, una, y

SEMANA 3

La zorra y las uvas

página 67

Palabras decodificables

Destreza clave: Prefijos **in–** e **im–**: impaciente, imposible, incapaz, inolvidable

Destrezas enseñadas anteriormente: a, abuelita, advertencia, agarra, agarraste, alcanza, alcanzar, almuerzos, antes, atrás, banco, bancos, béisbol, caer, caiga, caíste, coloridos, comerla, como, corrida, corrido, crece, cuelgan, cuidado, da, debes, dice, dije, disgustado, dos, duele, él, ella, embargo, empuja, escucharme, ese, espera, esperar, están, estén, finalmente, florida, fuera, guarida, guiña, ha, hacia, idea, inmensos, intenta, intentaste, interior, invitará, las, leche, lo, los, lleva, llorar, madura, maduras, me, mis, ocurre, ojo, parte, pacientemente, Pequitas, piensa, platos, pone, porche, preferido, prepara, primer, próxima, prueba, puede, pusiste, que, quisiera, racimo, racimos, rápidamente, regresa, responde, ricas, si, se, sea, su, te, tiene, tomar, trata, trepa, última, unos, uva, uvas, va, vasos, ven, vez, vid, zorra

Palabras de uso frecuente

Nuevas: bola, cabeza, correr, deber, grande, gritar, oír, segundo

Enseñadas anteriormente: al, casa, con, cuando, de, el, en, es, está, hasta, la, luego, lugar, mirar, muy, no, pronto, qué, sobre, todavía, un, una, y

Tomatodo y el gran gato Todosaca

página 75

Palabras decodificables

Destreza clave: Prefijos **in–** e **im–**: impacientes, imposible, inesperada, inolvidable

Palabras de uso frecuente

Nuevas: bola, cabeza, correr, deber, grande, gritar, oír, segundo

Tomatodo y el gran gato Todosaca *(continúa)*

página 75

Destrezas enseñadas anteriormente: a, aburrido, agarró, agitaba, alegraba, alegremente, anzuelo, anzuelos, asintió, atrapado, atrás, bobina, brinco, brincó, buscó, caja, caminó, caña, carnada, carnadas, cayó, cerró, cola, como, cortó, dejó, dentro, deporte, día, dio, durante, e, él, enfurecido, enrollar, enseñado, entonces, equipo, esperaron, exactamente, experiencia, finalmente, flotadora, flotadores, forma, gato, gran, guiñó, gracioso, había, hacia, hecho, hilo, hundió, huyó, importante, impresionante, insecto, insectos, intento, jaló, lado, lago, limpia, lo, los, llena, llevara, mantener, mosca, mucho, nadando, niños, ojo, organizada, otro, pasatiempo, peces, pescar, pescadores, pez, pidió, plaf, plomadas, pudo, puso, que, ranitas, sacar, sacó, se, sería, sido, sino, soleado, su, tapa, tenía, tiempo, tijeras, tiró, Tomatodo

Enseñadas anteriormente: agua, al, comida, con, de, dentro, después, el, en, era, es, estaba, hasta, hizo, ir, la, luego, más, mejor, muy, nada, otros, no, papá, para, primavera, qué, siempre, son, sorpresa, también, un, una, y

Murcimar y Murcibella

página 83

Palabras decodificables

Destreza clave: Prefijos **in-** e **im-**: incapaz, inesperado, imposible

Destrezas enseñadas anteriormente: a, agarró, ahora, ala(s), algo, amigas, anoche, arriba, aterrizaron, atrapadas, atrapar, ayuda(r), batió, béisbol, boquiabierta, cargaré, cargarme, cazar, certeza, cielo, colgarse, como, cómodo, cortarla, cuenta, cueva, darse, del, dientes, dio, dos, dulcemente, ella, entonces, entre, era, eres, escuchó, eso, espera, esta, favorito, fin, fuerte, gracias, grande(s), gustaba, haber, había, has, hecho, hueco, importante, impresionante, insectos, intentaré, intento, interior, la,

Palabras de uso frecuente

Nuevas: bola, cabeza, correr, deber, grande, gritar, oír, segundo

Murcimar y Murcibella *(continúa)* página 83

lamento, las, lastimada, le, liberarte, libre, lo, media, mis, Murcibella, murciélago, Murcimar, necesitaba, orejas, oscuro, oyó, pasatiempo, patas, pequeña, pobrecita, por, prendida, prendió, preocupes, puedo, que, quedaron, quedó, rápidamente, red, resoplando, sabía, salida, salido, salvas, salvavidas, sanas, se, sé, sido, sobrevoló, socorro, sollozos, sonido, sonriendo, su(s), suspiró, tamaño, te, techo, tener, tenía, tipo, trató, través, tú, vámonos, volar(on), yo

Enseñadas anteriormente: al, alguien, ayudaban, bien, con, de, dijo, el, en, es, está, estaba, hasta, hizo, mejor, mi, muy, no, noche, otra, para, por qué, soy, trabajo, todo, tu, un, una, ver, y

Los bancos página 91

Palabras decodificables

Destreza clave: Prefijos **in–** e **im–**: imposible, increíbles, inesperado, inolvidable

Destrezas enseñadas anteriormente: a, afuera, alegremente, algo, algunos, almorzar, almuerzan, amigos, arena, banco, bancos, caminar, cantidad, cielo, ciudades, cómicas, como, contempla, cosas, descansar, despejado, día, dice, dudes, ellos, embargo, estás, están, ganan, ganar, gusta, hay, importantes, inmensas, juegan, jugar, las, leen, les, libros, limpios, lo, los, lugares, llueve, mantener, mascota, mascotas, me, mí, mientras, mis, niña, niños, ocurra, olas, orilla, padres, par, parques, pierden, pies, playa, playas, pueblos, pueden, puedes, quita, recogen, recostar, sale, se, sentada, sentados, sentamos, sentarse, sientan, sofás, su, tal, terminan, ti, tiras, todos, vacíos, ver, ves, vez

Palabras de uso frecuente

Nuevas: bola, cabeza, correr, deber, grande, gritar, oír, segundo

Enseñadas anteriormente: ciudad, con, cuando, de, después, divertido, el, en, es, está, hablar, hace, hasta, la, lugar, mamá, mar, muy, no, nos, otros, papá, para, siempre, sobre, sol, son, tu, un, una, y, yo

SEMANA 4

Una pequeña prueba

página 99

Palabras decodificables

Destreza clave: Prefijos **des–** y **re–**: desagradable, desatar, descansa, desordenado, despegarse, despeinadas, reunirse

Destrezas enseñadas anteriormente: a, acaba, amigos, animales, árboles, aves, azules, blancas, camina, canta, caparazón, cinco, contigo, corre, cuello, despierta, divertida, dulcemente, fue, fuertemente, grandes, gustó, hallar, hay, importante, inténtalo, intentaré, interesante, hielo, joroba, largo, las, lentamente, lo, los, maullido, me, nadar, negras, nudo, olor, orejas, parece, patas, pequeña, pez, piel, plumas, preguntas, prueba, pudiste, puede, que, quieres, rápidamente, rayas, relincha, renacuajo, respuesta, ruge, sabes, se, selva, serpiente, su, suave, sucio, te, todas, trepa, ver, vive, volar

Palabras de uso frecuente

Nuevas: hola, idea, ninguno, ocurrir

Enseñadas anteriormente: agua, animal, aprender, con, cuál, cuánto, de, después, el, en, es, estas, la, lugar, muy, ocho, no, para, qué, sobre, tomar, tres, un, una, y, yo

El día magnífico de Conejita

página 107

Palabras decodificables

Destreza clave: Prefijos **des–** y **re–**: desaparecer, desayuno, descansar, descuido, despegó, releyeron, reconoció, reunirse

Palabras de uso frecuente

Nuevas: casi, desaparecer, detrás, hoja, hola, idea, ninguno, ocurrir

El día magnífico de Conejita *(continúa)*

página 107

Destrezas enseñadas anteriormente: a, abrazo, acercaba, alegre, alegró, ambas, amiga, ansiosa, apagó, Ardilla, así, atrás, autobús, cama, camisa, cereal, clases, cómica, comió, compartió, conductor, Conejita, contenta, contestó, despertador, despertar, detuvo, devolvió, día, dijo, dio, dulcemente, ella, entendían, eres, eso, espacio, exclamó, fuerte, fuertemente, había, hacia, hazlo, importante, impresionada, inmediato, interesante, jugar, juntas, lado, lentamente, levantó, Lola, los, llegar, llegaron, llegó, magnífico, matemáticas, medio, minutos, miró, niñas, ocurrió, podría, problemas, puso, prin, que, quedado, quería, quién, rápidamente, reloj, replicó, reprochó, respondió, rieron, roja, salón, se, sentarse, sentó, siguiente, siguió, sonó, sonrió, sonrisa, soñolienta, su, subió, suela, tampoco, tarde, tenía, tenido, todo, tomó, vamos, vaqueros, varios, vas, ver, verdadera, verde, vestirse, zapato

Enseñadas anteriormente: al, casa, con, cuando, de, después, divertido, donde, el, en, era, es, escuela, estaba, la, libro, mamá, muy, nadie, no, qué, un, una, y

Yiye y los frijoles

página 115

Palabras decodificables

Destreza clave: Prefijos **des-** y **re-:** desaparecer, deshacerte, reanimó, recuperar, rehacer, remojaron, repartimos

Destrezas enseñadas anteriormente: a, agradecida, alegraron, así, avena, ayudar, bajaron, bolsa(s), brotar, buscar, cambié, cavaron, comer, como, contenta, cosecharon, creció, cual, cucharada, cuidadosamente, darían, debes, del, días, dinero, dos, durante, él, ella, era, esa, ese, eso(s), esperanza, esperaron, explicó, fin, frijoles, ganancias,

Palabras de uso frecuente

Nuevas: casi, desaparecer, detrás, hola, idea, ninguno, ocurrir

Yiye y los frijoles *(continúa)*

página 115

gordita, hablaba, iba, importante, impresionantes, inesperadas, ingeniosa, intentaría, interesada, interesante, interrumpió, la(s), le(s), llenas, llevó, lo, loma, los, luego, mientras, mucha, negra, noticias, nuestra, ocurrió, pasaron, pero, plan, plantas, por, pozo, primer, pudo, pueblo, que, regresaba, regresó, rendiría, retoño(s), se, semanas, sembraron, su, surcos, sus, te, tener, tenían, terreno, tiempo, trabajaba, vaquita, ven, vender, verde, vieron, Yeya, Yiye

Enseñadas anteriormente: agua, al, casa, comida, cómo, comprar, con, de, después, el, en, estaba, gustó, luego, mucho, no, para, pequeño, pronto, también, tierra, última, un, una, ver, y

Un guiso para Patri

página 123

Palabras decodificables

Destreza clave: Prefijos **des–** y **re–**: desaparecer, desaprobación, descuides, destapó, rehacerlo, reunión

Destrezas enseñadas anteriormente: a, advirtió, agregó, allí, amigos, años, así, ayuda, ayudarme, ayudó, Besi, Búho, busca, calentarlo, calienta, chilló, cómo, cumple, da, debe, debes, delicioso, día, dijo, divertida, él, ella, encontraba, exquisito, falta, finalmente, fue, gracias, guiso, guisos, hacer, Halcón, Héctor, hojas, importante, impresionada, inesperada, ingeniosa, ingredientes, líquido, los, llegó, llevas, llevo, llevó, mientras, muchísimo, ocurrió, olla, Pancho, Pato, Patri, pedido, pero, poco, podría, podrías, prepararle, preparaste, probar, Puerquita, puso, que, quema, quería, racimo, regresó, repitió, rico, roja, sabía, sabor, sabroso, sacó, se, seis, si, su, sustancia, tan, taza, Tita, tener, todos, Topo, ululó, vagón, vas, verde, verdes, voy, ya

Palabras de uso frecuente

Nuevas: casi, desaparecer, detrás, hoja, hola, idea, ninguno, ocurrir

Enseñadas anteriormente: árbol, casa, con, de, después, el, en, es, está, estaba, grande, la, listo, más, muy, nadie, no, para, preguntó, qué, sorpresa, tengo, un, una, y

Para usar con
Los ganadores nunca dejan de jugar

SEMANA 5

El nuevo hogar

página 131

Palabras decodificables

Destreza clave: Palabra **raíz** y terminaciones de verbos: buscó/buscaba, colocó/colocar, desempacó/desempacaron/desempacaba/desempacar, encantar/encantaba, escogió/escogido, llegó/llegara, pintó/pintarían, terminado/terminar

Destrezas enseñadas anteriormente: a, almuerzo, altas, alumbrado, antes, ayudó, bajas, brillantes, cada, caja, cajas, cama, camioneta, colocar, color, comedor, cosas, cuarto, cubrecama, cucharas, desconectó, desenvolvió, diez, él, encontró, eran, fantástico, Fredi, gustaba, ha, había, hermoso, hicieron, hogar, iba, instalar, juguete, juguetes, las, les, librero, libros, limpias, lindo, lo, los, luces, lucía, mediodía, mejor, mientras, mucho, mudó, nuevas, nuevo, ollas, organizó, otro, parecía, peluche, personas, pintura, platos, prepararon, primer, puede, que, reemplazarían, sábanas, sacó, salieron, sartenes, se, secciones, seis, servilletas, sopa, su, subió, tenía, todos, tomarían, tuvieron, uno, veía, vez, viejas, ya

Palabras de uso frecuente

Nuevas: campo, encantar, hermano, jugar, personas, solo

Enseñadas anteriormente: ahora, al, azul, comida, con, de, después, el, en, era, estaba, familia, la, lugar, mamá, más, muy, no, papá, para, sobre, también, todavía, tres, un, una, y

El conejito de Carla

página 139

Palabras decodificables

Destreza clave: Palabra **raíz** y terminaciones de verbos: alejó/alejarse, buscó/busca/buscaron, come/comer, esconde/escondería, estaba/estaban/estaría, jugando/jugar, olvidaron/olvidado, saltó/saltando

Palabras de uso frecuente

Nuevas: campo, encantar, jugar, hermano, lamentar, solo

El conejito de Carla *(continúa)*

página 139

Destrezas enseñadas anteriormente:
a, acurrucarse, alegre, banco, blanco, bonita, cancha, Carla, Coco, como, cómo, conejito, conejitos, contenta, contentos, crujiente, da, descuido, días, disculpó, duerme, él, ella, ellos, encontrar, entonces, escapado, escondidas, escondite, flexibles, fue, fuera, gatito, gusta, había, habían, haberse, hermanos, hora, jaula, juego, largas, las, les, lo, los, lugares, llamado, llevaron, mientras, mueve, negro, ocurrió, orejas, pelaje, perrito, planta, porche, podían, puede, puso, que, regazo, regresado, sabe, saca, se, sentaron, si, situación, sonidos, sonrió, su, tenis, tiene, todos, triste, va, vieron, vio, visto

Enseñadas anteriormente
al, cerca, comida, con, de, después, divertido, donde, el, en, es, era, estaba, grande, hace, idea, no, para, preguntó, qué, también, un, una, y

Ana Hormiga

página 147

Palabras decodificables
Destreza clave: Palabra **raíz** y terminaciones de verbos: buscar/buscó, cavando/cavó, despertar/despertó, dormido/dormir, era/eran, llegado/llegar, retornar/retornó, reunido/reunir, salvado/salvarla, vería/verla/vio

Palabras de uso frecuente
Nuevas: campo, encantar, jugar, lamentar

Ana Hormiga *(continúa)*

página 147

Destrezas enseñadas anteriormente: a, abajo, adiós, ahora, amarilla, Ana, aquel, ayudó, cayó, del, desesperada, desinteresado, deslizándose, desprendía, día, dio, durante, ella, encantaba, eran, ese, fin, flor(es), fondo, fragancia, fue, gracias, granjero, gritó, gustaba, había, hacia, hogar, hora, Hormiga, insecto, interior, la, largo, las, le, lindos, llamaba, llenó, lo(s), Mantis, mochila, momento, olerlos, olor, oyó, parecía, partes, pero, pétalos, podía, por, próxima, que, rayos, rellena, repartió, resbaló, rescate, resto, rico, rosa(s), sacó, salir, se, siguió, situación, soleado, su, subió, sus, tenía, terminó, tiempo, tocaba, todo, triste, trompeta, túnel, valiente, verano, verde, vida, vino

Enseñadas anteriormente: al, azul, cerca, con, de, dijo, el, en, estaba, flor, hasta, invierno, luego, lugar, no, para, primavera, qué, sol, todas, un, una, y

Fútbol

página 155

Palabras decodificables

Destreza clave: Palabra **raíz** y terminaciones de verbos: anote/anotar, aprenden/aprender, debe/deben, juega/juegan/jugar, trata/tratan, usa/usan/usar

Destrezas enseñadas anteriormente: a, agarrar, amable, balón, cada, calcetines, camisa, camisas, chocar, cómo, contra, cuentan, cuidado, cuidadosamente, deporte, descuidarla, destrezas, detener, diferentes, disfrutan, dos, ellos, entre, entrenador, equipo, equipos, especiales, espinilleras, felicitan, fuera, fútbol, gol, hicieron, impedir, jugadas, jugador, jugadores, largos, las, los, manos, mantiene, meta, miembro, miembros, mientras, niños, otra, otro, partido, partidos, peligroso, pies, poco, ponen, portería, portero, porteros, principio, puede, punteadas, que, rápidamente, rayas, reaccionar, recordando, regresan, se, sepa, su, tienen, tipo, único, uniforme, vez

Palabras de uso frecuente

Nuevas: campo, equipo, jugar, persona

Enseñadas anteriormente: al, casa, cerca, con, de, después, el, en, es, la, mismo, muchos, no, otros, para, son, terminar, un, y